# BEI GRIN MACHT SICH IHR WISSEN BEZAHLT

AF167831

- Wir veröffentlichen Ihre Hausarbeit, Bachelor- und Masterarbeit

- Ihr eigenes eBook und Buch - weltweit in allen wichtigen Shops

- Verdienen Sie an jedem Verkauf

## Jetzt bei www.GRIN.com hochladen und kostenlos publizieren

# Die Implementierung eines Datenschutzmanagementsystems. Wichtige Maßnahmen und Erfolgsfaktoren

**Bibliografische Information der Deutschen Nationalbibliothek:**

Die Deutsche Nationalbibliothek verzeichnet diese Publikation in der Deutschen Nationalbibliografie; detaillierte bibliografische Daten sind im Internet über http://dnb.d-nb.de abrufbar.

ISBN: 9783346839398
Dieses Buch ist auch als E-Book erhältlich.

Druck und Bindung: Books on Demand GmbH, Norderstedt Germany
Gedruckt auf säurefreiem Papier aus verantwortungsvollen Quellen

Das vorliegende Werk wurde sorgfältig erarbeitet. Dennoch übernehmen Autoren und Verlag für die Richtigkeit von Angaben, Hinweisen, Links und Ratschlägen sowie eventuelle Druckfehler keine Haftung.

Das Buch bei GRIN: https://www.grin.com/document/1338726

Bachelor of Laws – Wirtschaftsrecht (LL.B.)

Seminararbeit

Die Implementierung eines Datenschutzmanagementsystems – geeignete Schritte

Seminar zum Datenschutz im Unternehmen

Hamburg, 02. Januar 2023

# Inhaltsverzeichnis

# Abkürzungsverzeichnis

| | |
|---|---|
| Abs. | Absatz |
| Art. | Artikel |
| bzw. | beziehungsweise |
| d.h. | das heißt |
| DSGVO | Datenschutz-Grundverordnung |
| DSMS | Datenschutzmanagementsystem |
| eng. | Englisch |
| EU | Europäische Union |
| EU-GRCh | Europäische Grundrechte Charta |
| gem. | gemäß |
| ggf. | gegebenenfalls |
| ggü. | gegenüber |
| Nr. | Nummer |
| Rn. | Randnummer |
| S. | Seite |
| SCC | Standard Contractual Clauses |
| TIA | Transfer Impact Assessment |
| TOM | technische und organisatorische Maßnahmen |
| z.B. | zum Beispiel |

# 1. Einleitung

Die Zukunft ist digital. Digitalisierung ist für Unternehmen heute unumgänglich und gilt als Wettbewerbsvorteil auf dem Markt, welcher sich immer stärker Online abspielt (Weiß, 2021, S. 61). Für Kunden, Mitarbeiter im Beschäftigungsverhältnis, sowie Beziehungen zu Lieferanten bedeutet das vor allem: es werden eine Vielzahl personenbezogener Daten und interne Informationen des Unternehmens gesammelt. Oftmals jedoch ohne ein hinreichendes Löschungskonzept vorzuweisen. Schon längst dienen diese gesammelten Informationen einem wirtschaftlichen Zweck und sind ein bedeutendes Gut vor allem im Marketing (Voigt & Bussche, 2018, S. V). Am 25. Mai 2018 führte die Europäische Union (EU) die Datenschutzgrundverordnung (DSGVO – Verordnung 2016/679) ein, als Antwort auf die schnelle Entwicklung der Technologie und um trotz allem ein hohes Datenschutzniveau zu gewährleisten (Erwägungsgrund Nr. 2 & Nr. 13, DSGVO). Diese für alle EU-Mitgliedsstaaten verbindliche Grundverordnung, lässt sich durch weitere nationale Gesetze der Länder verschärfen, u.a. durch verschiedene Öffnungsklauseln wie z.B. Art. 10 DSGVO. Deutschland führte das Bundesdatenschutzgesetz ein (Reimann, 2018, S. 1). Damit soll jede Person vor unsachgemäßer Verwendung und Verarbeitung ihrer personenbezogenen Daten geschützt werden. Alle in der EU niedergelassenen Unternehmen, sowie solche, die in irgendeiner Art am EU-Markt agieren sind gem. Art. 3 Abs. I, II DSGVO vom räumlichen Geltungsbereich erfasst (Wybitul, 2016, S. V). Ziel dessen ist größere Rechtssicherheit zu schaffen und die Stärkung des EU-Binnenmarkts (Erwägungsgrund Nr. 2 & Nr. 13, DSGVO).

Art. 8 EU-GRCh (EU-Grundrechtecharta) schützt die informelle Selbstbestimmung und ist damit bereits Teil des Datenschutzes. Die DSGVO konkretisiert diesen Datenschutz und stellt dabei jeglichen Umgang mit Daten unter datenschutzrechtliche Grundsätze (Reimann, 2018, S. 1). Unternehmen haben damit die Pflicht, alle betroffenen Stakeholder entsprechend zu informieren, wie z.B. über die Datenerhebung nach Art. 13 DSGVO. Ebenso besteht eine Pflicht zur Einhaltung der Datenschutzgrundsätze gem. Art. 5 DSGVO, sowie Datensicherheitsmaßnahmen nach Art. 24 und Art. 32 DSGVO (Weiß, 2021, S. 64). Jedoch stellt die Datenschutzgrundverordnung die Unternehmen auch vor nicht unerhebliche Hürden. Die Umsetzung ist mit einem nicht zu unterschätzenden Aufwand verbunden. Das Unternehmen muss entweder einen internen Datenschutzbeauftragen[1] berufen oder neu einstellen, oder sich um eine externe Betreuung bemühen. Hierbei muss es zeitliche und finanzielle Ressourcen aufwenden. Mitarbeiter müssen geschult und sensibilisiert werden, wobei das Wort „Datenschutz" oft negative Assoziationen hervorruft. Kommt es zu Datenschutzvorfällen innerhalb des Unternehmens, drohen horrende Bußgelder, sowie die Gefahr von Rufschädigung (Wybitul, 2016, S. 2). Aus diesem Grund ist die korrekte Implementierung und Umsetzung eines Datenschutzmanagementsystem[2] für Unternehmen

---

[1] In dieser Arbeit wird das generische Maskulinum verwendet, i.S.d. Gleichberechtigung gelten entsprechende Begriffe ausdrücklich für alle Geschlechter.

[2] Im Folgenden DSMS

von essenzieller Bedeutung, auch wenn sich aus der DSGVO keine konkrete Pflicht dazu ergibt (Wichtermann, 2016, S. 421). In dieser Arbeit soll eine mögliche Herangehensweise zur Implementierung aufgezeigt werden. Dabei wird zunächst erörtert was ein DSMS ist und wie es aufgebaut ist. Anschließend einzelne Schritte für eine erfolgreiche Implementierung, sowie weitere wichtige Maßnahmen für den Erfolg dessen beschrieben. Gelingt eine erfolgreiche Implementierung, haben Unternehmen nicht nur einen Wettbewerbsvorteil gegenüber der Konkurrenz, sie halten dadurch auch gesetzliche Regelungen ein und schaffen eine Vertrauensbasis gegenüber ihren Stakeholdern (Weiß, 2021, S. 71).

## 2. Was ist ein Datenschutzmanagementsystem und wie ist es aufgebaut

„Ein Datenschutzmanagementsystem ist ein auf ständige Leistungsverbesserung ausgerichtetes, zur systematischen und klaren Lenkung und Leitung erforderliches Konzept, um eine Organisation in Bezug auf den Datenschutz erfolgreich führen und betreiben zu können (Loomans et al., 2014, S. 21)." Damit eine Datenverarbeitung nach DSGVO erfolgen kann, muss der Datenschutzbeauftragte entsprechende Maßnahmen ergreifen, Art. 24 Abs. I DSGVO. Im Wesentlichen geht es hier um die Errichtung sowie Umsetzung technischer und organisatorischer Maßnahmen (TOMs), damit personenbezogene Daten während der Verarbeitungszeit ausreichend geschützt sind (Wybitul T. , 2017, S. 371). Außerdem muss der Datenschutzbeauftrage sämtliche datenschutzrechtlich relevante Abläufe innerhalb des Betriebs sammeln und auf deren Risikopotenzial hin bewerten. Es geht hier auch um unbeabsichtigten Verlust, Zerstörung oder Beschädigung, sowie unrechtmäßige Verarbeitung, gem. Art. 5 Abs. I lit. f) DSGVO (Wybitul T. , 2017, S. 378). Ein DSMS sollte allen voran die Grundsätze der DSGVO berücksichtigen. Jedoch auch auf Betroffenenrechte eingehen, die Auftragsverarbeitung, sowie ein Verzeichnis von Verarbeitätigkeiten enthalten. Des Weiteren sollte es das Verhalten bei Datenschutzverletzungen beschreiben, d.h. den Umgang bei Datenschutzpannen und der Zusammenarbeit mit der Datenschutzaufsichtsbehörde und die Kontaktdaten des Datenschutzbeauftragten enthalten (Friedewald et al., 2019, S. 474).

Ein DSMS besteht aus sieben Kernelementen:

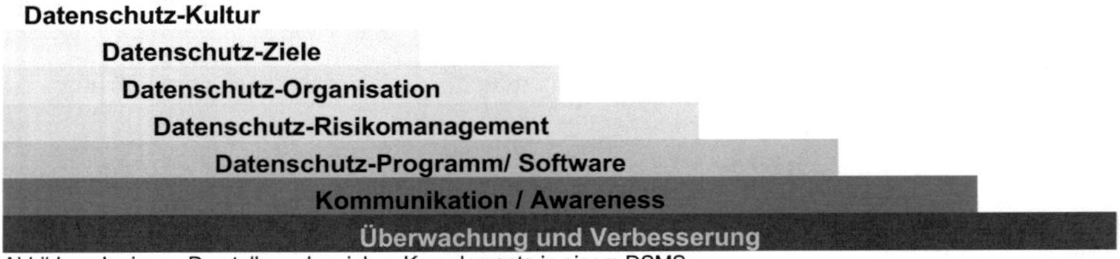

**Datenschutz-Kultur**
**Datenschutz-Ziele**
**Datenschutz-Organisation**
**Datenschutz-Risikomanagement**
**Datenschutz-Programm/ Software**
**Kommunikation / Awareness**
**Überwachung und Verbesserung**

Abbildung I: eigene Darstellung der sieben Kernelemente in einem DSMS

Das DSMS dient der Unterstützung zur Erreichung der Unternehmensziele und sollte sich an die Besonderheiten innerhalb des Unternehmens anpassen – und nicht das Unternehmen an das DSMS (Loomans et al., 2014, S. 22-23). Erste Voraussetzung für ein erfolgreiches Managementsystem ist eine gelebte Kultur und eine Unternehmensführung, welche sich mit Datenschutzfragestellungen auseinandersetzt. Außerdem sollte die Unternehmensführung klare Datenschutzziele verfolgen und diese definieren und festschreiben. Anhand dieser gesetzten Ziele kann eine Datenschutzorganisation aufgebaut werden, sowie die Verantwortlichkeiten innerhalb des Unternehmens verteilt werden. Hierbei sollte die gesetzlich definierte Rolle des Datenschutzbeauftragten mit einbezogen werden. Ressourcenschonende Implementierung und fortlaufende Identifikation und Bewertung von Risiken, die den gesetzten Zielen womöglich entgegenstehen könnten, werden durch ein adäquates Risikomanagement sichergestellt (Selzer & Timm, 2022). Datenschutzprogramm meint z.B. die Dokumentation der Verarbeitung, den Umgang mit Betroffenenrechten und Kontrollprozessen. Ebenso wichtig sind Kommunikation und Awareness. Um auch zukünftig eine aktuelle und zugeschnittene Datenschutzorganisation zu sichern, ist eine kontinuierliche Überwachung und Verbesserung maßgeblich.

## 3. Implementierung von Datenschutzmanagementsystemen: Der Prozess

Ein Weg der Implementierung eines DSMS, ist ein Vorgehen nach dem sog. Deming-Cycle oder auch PDCA-Zyklus. Der Deming-Cycle enthält die vier Schritte „plan" (P), „do" (D), „check" (C) und „act" (A). Diese Methode ermöglicht eine permanente Anpassung und Optimierung des Prozesses (Rost, 2013, S. 298).

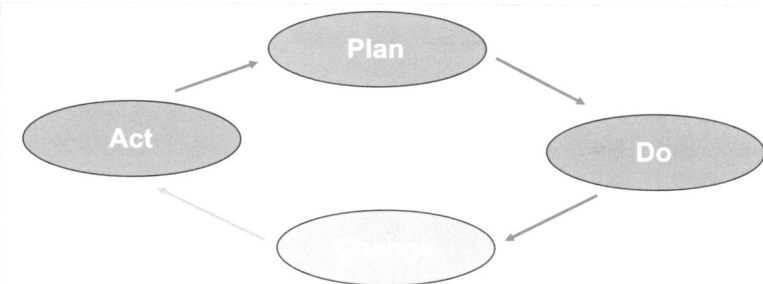

Abbildung II: eigene Darstellung - Deming-Cycle

**Plan** = Planung der TOM´s zur Erreichung der Datenschutzkonformität.

**Do** = Durchführung der TOM´s.

**Check** = Prüfung der Maßnahmen auf Effektivität und Effizienz.

**Act** = Festlegung weiterer Maßnahmen auf Basis der gewonnenen Kenntnisse (Rost, 2013, S. 298-299).

Die vier Phasen spielen dabei immer zusammen und greifen in der Praxis ineinander. Verbesserungspotenzial soll dabei frühzeitig erkannt und in den Prozess eingebunden werden können (Loomans et al., 2014, S. 66). Wird der Prozess fortlaufend angewandt, kann eine stetige Verbesserung und damit eine schnelle Anpassung an veränderte Anforderungen im Unternehmen und dessen interne und externe Strukturen erzielt werden (Rost, 2013, S. 300).

## 3.1 Voraussetzungen für die Einführung

Der erste Schritt eines jeden Projekts, sind entsprechende Vorüberlegungen. Auch für die Implementierung eines DSMS muss das Unternehmen zunächst den exakten Anwendungsbereich konkretisieren. Nur ein möglichst genau gefasster Anwendungsbereich kann vermeiden, dass dieser entweder zu klein –schmälert den Nutzen – oder aber zu groß gefasst wurde und dadurch zu viele Ressourcen einbindet (Loomans et al., 2014, S. 43-44). Nach dem risikobasierten Ansatz werden in der Planung zunächst diese Bereiche herausgearbeitet, welche besonders betroffen und daher zu priorisieren sind. Dieses Herausarbeiten geschieht durch eine Risikoanalyse. Dabei werden alle Abteilungen analysiert, die besonders sensible Daten erfassen und in denen ein besonders hohes Risiko für Datenpannen besteht (Loomans et al., 2014, S. 98). Für diese Risikobewertung ergibt sich aus Art. 32 DSGVO eine Empfehlung zur Dokumentation. Im Wesentlichen übernimmt der nach Art. 37 DSGVO zu bestimmende Datenschutzbeauftragte die zentrale Rolle. Jedoch ist Datenschutz aufgrund der Vielzahl von Datenschnittstellen im Unternehmen Aufgabe aller Bereiche, sodass noch weitere Akteure für den Prozess bestimmt werden müssen. Vor allem in den Abteilungen Human Ressource, IT, Recht, Einkauf, Marketing, Vertrieb und Accounting herrscht ein hohes Datenvolumen, welches jeden Tag verarbeitet wird (Walter, 2021, S. 370). Ein Datenschutzverstoß birgt grundsätzlich das Risiko einer hohen Bußgeldzahlung gem. Art. 83 DSGVO, weshalb die Geschäftsführung von Anfang an in den Prozess involviert sein sollte. Alle müssen das DSMS mittragen und aktiv fördern (Loomans et al., 2014, S. 42). Die Implementierung kann offiziell starten, sobald der Anwendungsbereich definiert und das Budget gemeinsam mit der Geschäftsleitung abgestimmt wurde.

## 3.2 Phase 1: Plan

Jedes neue Projekt startet offiziell mit einem Kick-Off-Meeting. Hier legt das zusammengestellte Team fest, welche Maßnahmen zur Erreichung des Projektziels notwendig sind (Loomans et al., 2014, S. 43-44). Auch Teammitglieder, die bisher wenig, bis keine Berührungspunkte mit dem Thema Datenschutz hatten, müssen hierfür sensibilisiert und geschult werden. Vor allem auf die Sanktionsmöglichkeiten durch Aufsichtsbehörden sollte hingewiesen werden. Durch die Festlegung weiterer fest eingeplanter Termine für dieses Projekt, wird die Wichtigkeit unterstrichen. In diesen Meetings finden die Ausarbeitung und Formulierung des Projektziels statt (Rost, 2013, S. 298). Die Unternehmensbereiche können dabei kategorisiert werden, in die, die einen besonders hohen Datenschutz benötigen und die, in denen die Erfüllung des gesetzlichen Minimums zur Erreichung der Ziele ausreicht. Ist das Gesamtziel formuliert, müssen die dahinführenden Unterziele, ebenfalls nach der SMART-Regeln, formuliert werden, d.h. „spezifisch", „messbar", „attraktiv" und „terminiert" (Timinger, 2017, S. 384). Der Aufbau einer Datenschutzorganisation ist Aufgabe des Datenschutzbeauftragten. Dieser sollte gemäß Art. 37 Abs. I DSGVO ernannt werden. Die Kontaktdaten des Datenschutzbeauftragten müssen öffentlich zugänglich auf der Webseite des Unternehmens zu finden sein, sowie der zuständigen Aufsichtsbehörde gemeldet werden (Wybitul T. , 2017, S. 563). Ebenso besteht die Möglichkeit einen externen Datenschutzbeauftragten zu wählen. Auch wenn diesem die internen Abläufe unbekannt sind, kann er auf aktuelles rechtliches Wissen zurückgreifen und benötigt keine zeitaufwendige Einarbeitung (Jaksch & von Daacke, 2018, S. 759). Damit eine erfolgreiche Implementierung erfolgen kann, müssen alle Mitarbeiter eine hohe Sensibilität für den Datenschutz entwickeln. Schulungen müssen von allen Mitarbeitern in regelmäßigen Abständen durchgeführt und wiederholt werden. Dabei können die Schulungen auf die spezifischen Besonderheiten in den jeweiligen Abteilungen angepasst sein. Dabei müssen sich die Inhalte nicht für jeden Mitarbeiter in gleicher Weise darstellen. Es ist möglich, dass Mitarbeiter aus besonders relevanten Bereichen, entsprechend intensivere Trainings erhalten. Eine einfache Lösung für die Durchführung der Schulungen ist ein internes Mitarbeiter Intranet (Korge, 2019, S. 133). Inhalte und Teilnehmer sollten protokolliert werden, um die Überwachungspflicht gem. Art. 39 Abs. I lit. b) DSGVO zu gewährleisten. Ausgearbeitet Datenschutzberichte sollten in festgelegten Intervallen der Geschäftsleitung vorgelegt werden (Szidzek, 2021, S. 286). Der Datenschutzbeauftragte ist außerdem für das Monitoring neuer Rechtsänderungen und ggf. deren Einarbeitung in die Unternehmensstruktur zuständig. Damit er seine Aufgaben hinreichend erfüllen kann, muss er frühzeitig mit allen Geschäftsbereichen vertraut gemacht werden. Um zu gewährleisten, dass Mitarbeiter die Datenschutzziele berücksichtigen, müssen konkrete Datenschutzvorgaben erstellt und die Betriebsabläufe bei Bedarf danach angepasst werden. Die Mitarbeiter müssen daher nicht nur die Unternehmensrichtlinien kennen, sondern auch konkrete Handlungsanweisungen in Form eines Handbuchs und Arbeitsanweisungen erhalten. Es sollte darin festgehalten werden, wie mit Betroffenenrechten wie zum Beispiel dem Auskunftsrecht nach Art. 15 DSGVO, dem Recht auf Löschung aus Art. 17 DSGVO oder mit Beschwerden umgegangen werden soll (Szidzek, 2021, S. 287-288). Datenpannen müssen der Aufsichtsbehörde innerhalb von 72 Stunden durch den Datenschutzbeauftragten gemeldet werden, Art. 33 Abs. I DSGVO. Das Unternehmen trägt gem. Art. 5 Abs. II DSGVO die Beweislast für den rechtmäßigen Datenschutz, sodass eine Dokumentation der einzelnen Vorgänge und Betriebsabläufe ggü. den Behörden und dem Betroffenen unerlässlich ist. Hierfür ist ein zentrales Dokumentationsmanagement notwendig. In Phase eins muss außerdem ein Verarbeitungsverzeichnis erstellt werden. In einem Verarbeitungsverzeichnis sind alle Datenverarbeitungsvorgänge von personenbezogenen Daten zu dokumentieren, für die eine Speicherung erfolgt ist oder noch erfolgen soll (Berufsverband der Datenschutzbeauftragten Deutschland, 2017). Art. 30 Abs. I und II DSGVO enthält die entsprechend einzuhaltenden Angaben. Das Verzeichnis sollte regelmäßig aktualisiert werden. Gemäß Art. 30 Abs. V DSGVO gelten die gesetzlichen Anforderungen für alle Unternehmen mit mehr als 250 Mitarbeitenden, jedoch bietet sich diese Struktur auch für kleinere Unternehmen an, da hierdurch mögliche Schwachstellen identifiziert werden können. Außerdem sollte ein Datenschutz-Handbuch erstellt werden. Es ist ein gutes Mittel, um alle Managementvorgaben und die Datenschutzorganisation gebündelt darzustellen, sodass die internen Datenschutzverantwortlichen und die IT-Sicherheit schnellen Zugriff auf wichtige Dokumente und Vorlagen erhalten (Reimann, 2018, S. 137). Die Planungsphase endet, sofern ein Team zusammengestellt, einzelne Ziele in einen Ablaufplan integriert und dabei die technischen und finanziellen Möglichkeiten berücksichtigt wurden.

### 3.3 Phase 2: Do

In Phase zwei wird mit der Umsetzung der geplanten Maßnahmen begonnen. Alle Beteiligten sollten in einem Meeting zur Vorbereitung über alle Ergebnisse des Planprozesses in Kenntnis gesetzt werden. Die sehr komplexe Umsetzung, sollte idealerweise nicht im ganzen Unternehmen gleichzeitig umgesetzt werden. Zunächst sollten die wichtigsten Abteilungen und Bereiche herausgearbeitet werden. Eine lückenlose Kommunikation ist dabei ausschlaggebend, sodass ein geeignetes Instrument für relevante und größere Bekanntmachungen gefunden werden sollte. Es ist ratsam, dass solche Bekanntmachungen durch die Geschäftsleitung erfolgen, um deren Unterstützung und die Bedeutung der Datensicherheit im Unternehmen zu verdeutlichen. Sie sollten den Sinn und Zweck der Änderungen nennen und ihre konkreten Auswirkungen auf das Datenschutzkonzept erläutern (Loomans et al., 2014, S. 139-140). Viele Maßnahmen wie die Anonymisierung und Löschung der Daten, können durch ein automatisiertes IT-System implementiert werden. Aufgrund der hohen Datenmenge in vielen Unternehmensbereichen, sollten alle Mitarbeiter die Zielsetzung hinter dem DSMS verstehen und auf einen sorgsamen Umgang mit Daten in anderen Bereichen sensibilisiert werden. Um eine tägliche Routine zu bekommen, kann eine „Clear Desk Policy" eingeführt werden (Korge, 2019, S. 138). Für andere Bereiche muss es regelmäßig durchgeführte spezielle Schulungen geben. Außerdem sollten Ansprechpartner klar kommuniziert sein. Alle Mitarbeiter sollten zu jedem Zeitpunkt wissen, bei welchen Fragen sie sich an wen wenden können. Schulungen und Trainings können durch ein Mitarbeiter Intranet durchgeführt werden. Jeder neue Mitarbeiter sollte diese innerhalb der ersten 14 Tage im Unternehmen durchführen (Loomans et al., 2014, S. 141). Innerhalb der „Do"-Phase können zu jedem Zeitpunkt Anpassungen vorgenommen werden. Die Phase wird durch einen Projektabschluss beendet. Dieser wird besprochen und dokumentiert, damit auch in Zukunft Verbesserungen vorgenommen werden können (Korge, 2019, S. 168).

## 3.4 Phase 3: Check

Sobald sich die Ideen aus der Handlungsphase etabliert haben, muss die Umsetzung auf Konformität mit den gesetzlichen Vorgaben, Funktionalität und Effektivität kontrolliert werden (Szidzek, 2021, S. 302). Es erfolgt eine Gegenüberstellung des Ist- zum ursprünglichen Soll-Zustand. Damit soll die Einhaltung der gesetzlichen Vorgaben, aber auch der selbstgestalteten Richtlinien oder Arbeitsanweisungen überprüft werden. Dafür sollte das Verarbeitungsverzeichnis in vollständiger und aktueller Form vorliegen. Es enthält Einblicke in konkrete Vorgänge (Szidzek, 2021, S. 305). Um eine Einhaltung der neuen Prozesse innerhalb des Unternehmens sicherzustellen, sollten diese leicht verständlich sein. Phase drei dient dazu, diese Prozesse auf Funktionalität hin zu überprüfen und ggf. anzupassen. Eine Einsichtnahme in die Datenverarbeitungssysteme kann Aufschluss darüber bringen, ob die Software aktuell ist, wer Zugriffsrecht besitzt und welche Vervielfältigungsmöglichkeiten es gibt. Datenprozesse können entschlackt und Zuständigkeiten zwischen Abteilungen angepasst werden (Szidzek, 2021, S. 304). Nach Art. 39 Abs. II DSGVO, kann der Datenschutzbeauftragte selbst über mögliche Kontrollinstrumente und Durchführungsrhythmen entscheiden. Dabei sollte er darauf achten, dass die reine Kontrolle auf Mitarbeiterverstöße nicht im Vordergrund steht. Vielmehr sollte es immer um die allgemeine Sicherheit des Unternehmens gehen. Ziel ist es vielmehr Strukturen zu schaffen und Überwachungsaufgaben zu automatisieren. Eine Möglichkeit, diese Überwachungssysteme zu kontrollieren, sind anonymisierte Mitarbeiterbefragungen im Rahmen von Audits (Korge, 2019, S. 138-139). Eine Weitere, wäre die Beauftragung einer unabhängigen Dritten Stelle, d.h. einen externen Dienstleister. Dadurch wird der Datenschutzbeauftragte nicht zur bloßen Kontrollperson, was den Zusammenhalt innerhalb des Unternehmens stärken und gleichzeitig Glaubwürdigkeit ggü. der Aufsichtsbehörde sowie Kunden und Geschäftspartnern schaffen kann (Szidzek, 2021, S. 320). Phase drei endet mit einem Audit-Bericht, der Feststellungen und ggf. erforderliche Verbesserungsmaßnahmen enthält.

## 3.5 Phase 4: Act

Nachdem die Phasen eins bis drei erfolgreich abgeschlossen worden sind, kann in der vierten Phase auf die Abweichung vom aktuellen Ist- zum Sollzustand reagiert werden. Die Flexibilität des Deming-Cycle ermöglicht einen fließenden Übergang zwischen Phase drei und vier. Folgende Anpassungsmaßnahmen sind vor finaler Implementierung notwendig: Ziele und Maßnahmen müssen angepasst oder ersetzt werden. Konkrete Verbesserungsmaßnahmen in den Bereichen, in denen noch Anpassungsbedarf besteht, können durch interne und externe Audits oder Management Review herausgearbeitet werden. Herausgearbeitete Maßnahmen sollten zeitnah nach dem Deming-Cycle bearbeitet werden (Loomans et al., 2014, S. 224). Auch für diese Maßnahmen gilt das gleiche Phasen-Schema. So kann schrittweise nach diesem Verfahren das DSMS in allen

Geschäftsbereichen erfolgreich implementiert werden, sodass alle datenschutzrelevanten Prozesse und Verfahren abgedeckt werden können.

## 4. Weitere Maßnahmen zur Gewährleistung des Erfolgs

Das größte Sicherheitsrisiko im Unternehmen in Bezug auf Datenschutz ist der Mitarbeiter. Daher müssen alle Mitarbeitenden hinsichtlich des Datenschutzes sensibilisiert und regelmäßig geschult werden (Walter, 2021, S. 23). Bei allen zu erhebenden Daten ist darauf zu achten, ob sie dem Unternehmen einen Nutzen bringen und daher erhoben werden sollten, oder ob eine Erhebung erst gar nicht notwendig ist. Werden personenbezogene Daten erhoben, ist auf eine Anonymisierung oder Pseudonymisierung zu achten (Engel, 2020, S. 103). Seit dem „Schrems II"-Urteil (EuGH, Urteil v. 16. Juli 2020, C-311/18, BfDI) ist für Unternehmen eine Risikoabschätzung bei der Datenübermittlung in unsichere Drittländer auf Grundlage von Standarddatenschutzklauseln[3] erforderlich. Die Durchführung dieser Transfer Impact Assessments (TIA) muss das Unternehmen selbst durchführen (Tracol, 2020). Ebenso wichtig für die DSGVO, ist das „Recht auf Vergessenwerden" nach Art. 17 DSGVO. Die erhobenen Daten müssen frühestmöglich gelöscht werden, um den Umfang und den damit verbundenen Verwaltungsaufwand des DSMS so gering wie möglich zu halten. Die Verarbeitung der Daten wird dadurch minimiert. Des Weiteren sollten möglichst viele Daten digitalisiert werden, wodurch Zugriffe protokolliert und eingeschränkt werden (Engel, 2020, S. 72). Bei jeder Neuschaffung von Software sollte der mit dem Dienstleister geschlossene Auftragsverarbeitungsvertrag (AVV) genau auf die Zugriffsregulierung und automatische Verfahren und Löschmechanismen überprüft werden (Hansen & Probst, 2012, S. 171). Nicht nur im Umgang mit Kunden- und Lieferantendaten spielt ein sicheres DSMS eine wichtige Rolle, sondern auch in Bezug auf das Personalwesen (Walter, 2021, S. 27-28). Bewerberdaten sollten nach erfolgreichem Onboarding für eine ausgeschriebene Stelle automatisch gelöscht werden. Auch bei Beendigung des Arbeitsverhältnisses sollten Daten – unter Berücksichtigung der Aufbewahrungsfrist von sechs bzw. zehn Jahren – gelöscht werden. Statistisch relevante Daten können vor Auswertung anonymisiert werden. Abgesehen werden sollte von der automatischen Weiterleitung von E-Mails während der Abwesenheit von Mitarbeitern oder nach Ausscheiden einer Person aus dem Unternehmen. Diese Accounts sollten besser deaktiviert und der Absender darüber informiert werden (Walter, 2021, S. 27-28). Aufgrund der öffentlichen Erreichbarkeit von Website und Social Media Plattformen, sollte deren Überprüfung mit Hilfe einer Software eine der ersten Umsetzungsmaßnahmen sein, d.h. diese müssen mindestens einen Link zur aktuellen Datenschutzerklärung vorweisen (Engel, 2020, S. 156). Ebenso wichtig ist die Gebäudesicherheit. Spezielle Schließanlagen, elektrische Türöffner mit personalisierten Zugangskarten oder Transpondern, Alarmanlagen sowie Videoüberwachung können zu einer verbesserten Sicherheit führen (Engel, 2020, S. 53). Datenschutzverletzungen, wie die Weitergabe

---

[3] auch eng. SCC – Standard Contractual Clauses

von personenbezogenen Daten durch z.B. Hackerangriffe, können nicht vollständig ausgeschlossen werden. Ein konkreter Reaktionsplan, in dem die einzuleitenden Maßnahmen sowie die weitere Informationskette beschrieben werden, kann helfen, um auf eine solche Situation vorbereitet zu sein. Dadurch werden weitere Risiken und hohe Bußgelder eingedämmt. Mitarbeiter müssen genau darüber geschult werden, wie sie sich im Falle einer Datenpanne verhalten und der Datenschutzbeauftragte muss die Behörden innerhalb von 72 Stunden informieren (Petzka, 2018, S. 43). Checklisten für kleinere Unternehmen, Informationen zu aktueller Rechtsprechung und auch Musterformulare z.B. nach Art. 33 DSGVO, können kostenlos auf der Internetseite der entsprechenden Landesdatenschutzaufsichtsbehörde heruntergeladen werden.[4]

## 5. Fazit

Datenschutz im Unternehmen, stellt nach wie vor eine Herausforderung dar und birgt Risiken vor allem, wenn nicht alle Abteilungen in ausreichender Weise miteinander agieren. Es sollten alle Geschäftsbereiche und Mitarbeiter zusammenarbeiten und es müssen TOM´s errichtet werden. Das DSMS stellt lediglich eine Möglichkeit dar, um den Datenschutz im Unternehmen umzusetzen, ist jedoch in besonders risikobehafteten Bereichen des Unternehmens die geeignetste Lösung (Loomans et al., 2014). Um die DSGVO weiterhin einzuhalten und auch um auf Änderung dieser frühzeitig reagieren zu können, muss das DSMS fortlaufend überwacht und aufrechterhalten werden (Voigt & Bussche, 2018, S. 325). Das System muss stetig den neuen unternehmerischen und rechtlichen Änderungen angepasst werden. Für diese Überprüfung sollte eine Person bestimmt werden, welche regelmäßig Tätigkeitsberichte erfasst und vorgenommene Maßnahmen kontrolliert, bestenfalls in einem festgesetzten Intervall (Wybitul T. , 2016, S. V). Datenschutzbeauftragte sind oftmals Juristen, denn sie kennen sich mit der ständigen Weiterentwicklung von Gesetzen aus und können diese im Blick behalten. Dennoch ist eine kontinuierliche Weiterbildung im Datenschutz von zentraler Bedeutung und sollte nicht vernachlässigt werden (Wybitul T. , 2016, S. V). Sofern dem Unternehmen eine erfolgreiche Implementierung gelingt, kann es eine Datenschutzzertifizierung gem. Art. 42 DSGVO erhalten. Dadurch wird die Wichtigkeit eines gesetzeskonformen, sicheren und transparenten Datenschutzes nach außen hin verdeutlicht. Die Entstehung hoher Bußgelder wird verhindert. Außerdem stärkt es das Vertrauen der Kunden und Geschäftspartner, wenn das Unternehmen durch seine erhöhte Datensicherheit wahrgenommen wird, was zu einem Wettbewerbsvorteil führen kann (Weiß, 2021, S. 71). In jedem Fall lohnt sich die Implementierung eines DSMS für ein Unternehmen und sollte daher – trotz Aufwendung teils erheblicher zeitlicher und finanzieller Ressourcen – umgesetzt werden.

---

[4] Für Hamburg z.B. auf https://datenschutz-hamburg.de/meldung-dsb

# Abbildungsverzeichnis

# Literaturverzeichnis

Brams, I. & Wybitul, T. (2021). Arbeitnehmerdatenschutz: Das Risiko horrender Bußgelder steigt: Zusammenfassung des Aufsatzes 'Bußgeld i.H.v. 35,3 Mio. € wegen Mitarbeiterüberwachung. *DER BETRIEB, 1–2,* 57–59.

Engel, O. (2020). *Dokumentationspflichten nach DSGVO: Verzeichnis von Verarbeitungstätigkeiten, Risikoanalyse, technische und organisatorische Maßnahmen & Co praxisnah dokumentieren.* Independently published.

E.V., D. & Reimann, G. (2018). *Betrieblicher Datenschutz Schritt für Schritt - gemäß EU-Datenschutz-Grundverordnung: Lösungen zur praktischen Umsetzung Textbeispiele, Musterformulare, Checklisten (Beuth Praxis)* (vollständig überarbeitete und erweiterte). Beuth.

Friedewald, M., Schiering, I. & Martin, N. (2019). Datenschutz-Folgenabschätzung in der Praxis. *Datenschutz und Datensicherheit - DuD, 43*(8), 473–477. https://doi.org/10.1007/s11623-019-1146-y

Hansen, M. & Probst, T. (2002). Datenschutzgütesiegel aus technischer Sicht: Bewertungskriterien des schleswig-holsteinischen Datenschutzgütesiegels. *Datenschutz als Wettbewerbsvorteil,* 163–179. https://doi.org/10.1007/978-3-322-90277-1_19

Jaksch, C. & von Daacke, G. (2018). Datenschutzbeauftragter und Datenschutz-Organisation unter der DSGVO. *Datenschutz und Datensicherheit - DuD, 42*(12), 758–763. https://doi.org/10.1007/s11623-018-1040-z

Korge, T. (2019). *Aufbau von Datenschutz-Management-Systemen nach der DS-GVO: Ein Leitfaden für kleine und mittelständische Unternehmen* (1. Aufl.). Reguvis Fachmedien.

Loomans, D., Matz, M. & Wiedemann, M. (2014). *Praxisleitfaden zur Implementierung eines Datenschutzmanagementsystems: Ein risikobasierter Ansatz für alle Unternehmensgrößen* (2014. Aufl.). Springer Vieweg.

Petzka, P. M. (2018). *Datenschutz-Schulung für Mitarbeiter: Datenschutzgrundverordnung und des Bundesdatenschutzgesetz für Unternehmen und Vereine* (1. Aufl.). Petzka Verlag.

Rost, M. (2013). Datenschutzmanagementsystem. *DuD - Datenschutz und Datensicherheit, 37*, 1862–2607. https://doi.org/10.1007/s11623-013-0111-4

Selzer, A. & Timm, I. J. (2022). Ein Vorschlag für die datenschutzkonforme Gestaltung von Datenschutz-Grundsätzen und -Schutzmaßnahmen in IT-Systemen – Angemessene technische und organisatorische Schutzmaßnahmen nach Art. 32 DSGVO. *HMD Praxis der Wirtschaftsinformatik.* https://doi.org/10.1365/s40702-022-00897-2

Szidzek, C. (2021). *Datenschutzgrundverordnung für Dummies* (1.). Wiley-VCH.

Timinger, H. (2021). *Modernes Projektmanagement in der Praxis: Mit System zum richtigen Vorgehensmodell* (1. Aufl.). Wiley-VCH.

Tracol, X. (2020). "Schrems II": The return of the Privacy Shield. *Computer Law & Security Review, 39*, 105484. https://doi.org/10.1016/j.clsr.2020.105484

Voigt, P. & Bussche, V. A. D. (2018). *EU-Datenschutz-Grundverordnung (DSGVO): Praktikerhandbuch* (1. Aufl. 2018). Springer.

Walter, V. A. (2018). *Datenschutz im Betrieb - Die DS-GVO in der Personalarbeit: Die DSGVO in der Personalarbeit. Beschäftigten-Datenschutz aktuell (Haufe Fachbuch)* (1. Auflage 2018). Haufe.

Weiß, S. (2021). Datenschutz als Wettbewerbsvorteil? *Marketing Analytics*, 59–72. https://doi.org/10.1007/978-3-658-33809-1_4

Wichtermann, M. (2016). Einführung eines Datenschutz-Management-Systems im Unternehmen – Pflicht oder Kür? Kurzüberblick über die Erweiterungen durch die DS-GVO. *Zeitschrift für Datenschutz*, *9*, 2192–5593. https://www-wiso-net-de.pxz.iubh.de:8443/document/KUSE__4706704

Wybitul, T. (2016). *EU-Datenschutz-Grundverordnung im Unternehmen: Praxisleitfaden (Kommunikation & Recht)* (1. Aufl.). Fachmedien Recht und Wirtschaft in Deutscher Fachverlag GmbH.

Wybitul, T. (2017). *EU-Datenschutz-Grundverordnung: Handbuch (Kommunikation & Recht)* (1. Aufl.). Fachmedien Recht und Wirtschaft in Deutscher Fachverlag GmbH.